इठलाती है चांदनी रात

काव्य संग्रह

प्रवीन कुमार जिंदल

प्रकृति को समर्पित

क्रम-सूची

क्रम-सूची

1. गुलमोहर की छांव में

गुलमोहर और अमलतास
की छांव में
बिखरी थी सुवास
बिखरे थे पत्ते सूखे
था निर्जन एकांत
मैं रहा था उसे निहार

2. अलसाई साँझ

दूर तक फैला
शांत मनोहर रमणीय
सुसज्जित क्षितिज
हिमशैल श्रृंखलाओं
पर निखरी और
आंगन में बिखरी
फीकी सुनहरी धूप
अलसाई सी साँझ
आहट एक सर्द रात की

3. नकाब

अनगिनत परतों से जो
ढक गया था
चेहरा तुम्हारा
खुद को निर्मल बनाकर
और निखारकर तराशकर
उसके वास्तविक
अनुपम सौन्दर्य को
सामने लाने के बजाए
तुमने ओढ़ लिया
एक नकाब नया
और इस तरह तुम
धंस गए दलदल में
और भी गहरे।

4. जिंदगी

जिंदगी उदास साँझ सी
ढल जाए उससे पहले
जी लो इसे जी भरकर
करो सपने साकार
हर सुबह हो सुहानी
हर दिन हो यादगार
जिंदादिली से जियो
रखो सेहत संवार
सफल हो जाए जीवन
जो मिलता नहीं बारबार

5. एक रिश्ता

एक रिश्ता हो प्यारा
जैसे तूफान में किनारा
सूनी उदास जिंदगी को
जिससे मिले सहारा
उस प्यारे रिश्ते के संग
जीत जाएं जिंदगी की जंग
उमंग नई जीने की मिले
खिल जाए जीवन में रंग

6. गुलमोहर

जब ठुकरा देंगे
लोग तुम्हें
और जब तुम अशक्त
और जर्जर होगे
तब गुलमोहर
अपनी छाँव के नीचे
तुम्हारे संतप्त मन को
सुकून देगा
जब ये आकर्षक देह
हो जाएगी
लकड़ी सी तेजहीन और कुरूप
तब भी अपने अनुपम सौन्दर्य से
तुम्हें सराबोर करेगा गुलमोहर
अपने आँचल तले
करेगा पुष्पवर्षा
तुम्हारे एकांत का सच्चा मित्र
बनेगा गुलमोहर

7. स्नेह तुम्हारा

स्नेह तुम्हारा
स्फटिक-सा श्वेत
निर्मल नील गगन-सा
हर लेता मन की व्यथा
है निश्छल बचपन-सा
पास तुम्हारे आकर
मिलती है अनुपम तृप्ति
बड़ी सहजता से कह देती
मन की हर अभिव्यक्ति
साथ तुम्हारा पाकर
मिट जाती मन की थकन
मधुरिमा जीवन की
खिल जाती नित नूतन

8. बंजर

बंजर आँखे
सूखा मन
जेठ सा तपता
ये जीवन
सूनी रातें
चुभता दिन
आशा के बादल
छिन्न भिन्न
तप्त हवाएं चलती हैं
जर्जर काया जलती है
शेष बचे हैं स्मृतिचिह्न।

9. तेरा यूँ आना

अक्सर तेरा यूँ आना
आकर मुस्कुराना
दिल को छू जाना
हंसकर बतियाना
दिल में बस जाना
फिर दूर चले जाना
बारबार याद आना
रोज सपनों में आना
बन जाता एक दिन
तू एक बड़ा फ़साना

10. प्रकृति और मनुष्य

क्षुद्र स्वार्थपूर्ति को काटते
पेड़ बहुत करते उपकार
मित्र पशु पक्षियों का वध कर
मनुज रहा अपने को मार
पेड़ पहाड़ नदी जंगल सब
मानव जीवन का आधार
इन्हें नष्ट दूषित करके वह
ना सुखी रहेगा, होगा लाचार
प्रकृति के आंचल में ही
जीवन फलता फूलता है
जहाँ सुदृढ पारिस्थितिकी
जीवन शिखर चूमता है
जंगलों को काटकर करता
खड़े कंक्रीट के जंगल
संसाधनों को उजाड़कर
कैसे होगा उसका मंगल
आओ आज शपथ लें मिलकर
पर्यावरण मित्र हम बनेंगे
करेंगे संरक्षण प्रकृति का
अपना भविष्य उज्ज्वल करेंगे

11. अपना अँचल

नीर नदी का, छांव तरु की
हर लेती है मन की थकन
दूर नगर से बसा ये अँचल
जहां है शीतल मधुर पवन

छटा बिखरती निसर्ग की
नित होता अद्भुत दर्शन
तीर्थ से बढ़कर लगता है
जहाँ खेलता था बचपन

गहन तिमिर में चारु चन्द्र
खिला आनन्दित हुए नयन
दिनकर भी कलियों पल्लव
पर करता नित नूतन सृजन

चकाचौंध से दूर बहुत है
जहां आता सुखद सवेरा
धन साधन बहुत नहीं
पर चैन सुकून का बसेरा

12. सूरज

प्रातः क्षितिज
प्राची के अंचल
सप्तरश्मियों के रथ
पर सवार
उषा का उत्पल
श्रद्धानत जन
देता अर्घ्य-जल
पुलकित किसलय
खिले मुकुल-दल
हर्षित खग-दल
हरता तिमिर कलुष जग का
होता जनजीवन उज्ज्वल

13. कहाँ गया मेरा गाँव

लौटा हूं बहुत बरस बाद
जब मैं अपने गाँव
कहाँ गया वो बरगद
जिसकी हरी-भरी थी छाँव
जिसकी डाल पे झूला झूले
वो नीम नजर ना आया
सब कुछ बदला-बदला देखा
मेरा जी घबराया
कंक्रीट के जंगल में
ना गांव नजर था आया
वापिस लौट चला
थके पैरों ने पकड़ी डगर
मेरे गाँव को निगल गया था
विकसित महानगर

14. वर्षा

उज्जवल पल्लव तरुओं के हो जाते
जब आती है वर्षा
तो यह सकल सरोवर भर जाते
खग मृदुल कलरव करते
नभ मैं चंचलता भरते
नभ नील कमल सम खिल जाता
जीवन चिर उर पर गाता
पूर्व के निर्मल मुख पर
सूर्य रश्मियाँ बनाती इंद्रधनुष
वो परीलोक के द्वार सा लगता
नया नया सा जग हो जाता
जाने किस अनजान देश से
यह समीर सुरभि लाता
जब जब आये यह वर्षा
निर्मल यह परिकर हो जाता

15. वह तारा

वह जो तारा
देख मचल गया
धरती का अन्धकार
"जाऊंगा मैं मिटाऊंगा"वह बोला
हँसे सब तारे बोले देखो यह नया अनोखा
अब तक क्या तू सोया था
आज यह जो तम देखा
रे नन्हे तू बीच हमारे टिमटिमाता
हमसे शोभित इस नभ मैं शोभा पता
पर रे सुन नादाँ धरती बहुत बड़ी है
और पथ है यह बहुत बड़ा
पर वह नहीं
माना चला मिटने
तम धरती का
नैश पथ दुर्गम बहुत था
उस पर अनवरत संघर्ष था
धरती पर आते आते
वह साहसी हो गया शेष
ये अनंत तारे अनंत तक
टिमटिम करते
बुझ जायेंगे पर क्या उसका
बलिदान व्यर्थ हो जाएगा

अरे नहीं उसे तो उस दिन ही जाने कितने नेत्र
अनिमेष देख देख रहे थे
वह क्षीण क्षणिक अलोक रेख थी आँखों मैं इक
चमक भर गयी
मिटते तारे की वह प्रभा
नवसृजन की उमंग भर गयी.

16. सृजन अब भी शेष है...

समुद्र में एक जहाज था
उसकी यात्रा में ये एक पड़ाव था
शाम हो रही थी
अब वह दोपहर का
सुहावना मौसम नहीं था
जब लहरों की आवाज आती थी
ऊपर था अब नीला साफ़ आसमान
शाम का धुंधलका सा था
आसमान में लाली सी छाई हुई
दूर से देखने पर वह
था एक रहस्य की तरह
सूर्य जैसे सागर में डूब रहा था
कोई रहा था देख उसे
शायद कोई निराश व्यक्ति
जब देखता है अपने चारों और
आशा की एक किरण
कर देती है जिन्दा उसे
भर देती है उत्साह उसमें
जैसे सुबह सुबह का सूर्योदय
आशा और उल्लास

साथ थे उसके
जीवन पथ में आगे था संघर्ष
रंग बिखरे थे सामने
बनाना चाहता था एक चित्र
अनोखा इस तरह का
सृजन जिसे वह कहता
ये दुनिया कैनवास थी
चित्र की थी कल्पना
इक सुन्दर जो बना न था
जिसकी थी बस कल्पना!
अधुरा चित्र था
समय का का पहिया
सरक गया आगे
पीछे छूट गया
टूट गया कुछ
नया क्या आगे बन रहा
आश अभी बाकी है
साँस जब तक शेष है
टूटते तारों पर
रात अभी बाकी है
सृजन अब भी शेष है.

17. दीपक जो जलता

यह दीपक जो जलता
निशीथ में यह दीपक जो जलता
आलोकित पथ करता है
खुद जलता पर
करता है रोशन जग को
दीप निशा में नायक सा
हवा के उन्मत्त झोंकों को
सह सह कर
अपनी उजली किरणों से कर देता
तम का नाश
इसी तरह जलना राष्ट्र के लिए
है वीर
करना अपना सर्वस्व समर्पण
हो सकेगे पूरा तभी तुम्हारा यह

18. निसर्ग का साथ

गिलास जब
लगता है खाली
तब भी भरा होता है
हवा से
ऐसे ही हम भी कभी
लगते अकेले
पर कोई
साथ रहता सदा
जैसे खुदा
या निसर्ग
या समूची सृष्टि
वो हवा जो
दरख्तों-फूलों से
सुगंध लायी
होके शीतल
पवन टकरायी
जैसे बात करती
मन में मोद भरती
समूची प्रकृति ही जैसे
बहुत कुछ कहती
स्थिर लगता आकाश है
पर बादल भी

पल-पल रंग-रूप अपना
रहे बदल
और चल रहे
साँझ ढलती धीरे-धीरे
तारे हैं निकल रहे
चाँद भी है चल रहा
कितना कुछ बदल रहा
निसर्ग में मौन भी
बहुत कुछ है कहता रहा
पर सुन सकता सिर्फ
कोमल भाव-प्रवण मन
संवेदनशील अनवरत
करता है सृजन
नवसृजन का पावन प्राण

19. आकाश का विस्तार

हल्का नीला आसमानी
दूर तक
देखो जिधर
आकाश का विस्तार है
विराट कोई कैनवास
पर कि जैसे
रंगों की बौछार है
बादलों के
या विधाता
अदृश्य तूलिका से
प्रतिपल नूतन
बनाता चित्र
या की जैसे कोई
जादूगर रंगों के
खेल दिखाता
या फिर जैसे
सागर में तैरती हो
नावें विचित्र
रूप अपना बदलती
पाल जिनके हिलते रहते
चित्त लेटा
देखता हूँ

प्रवीन कुमार जिंदल

यह सौन्दर्य अपार
कितना विराट है अनुपम
आकाश का विस्तार

• 23 •

20. वर्षा आए

घनघोर घटाए
शोर करे
बिजली चमके
बादल गरजे
पानी बरसे
प्राणी हर्षे
वर्षा आए
खुशियां लाए
सुरभित रज
स्वच्छ गगन
हर्षित मुदित
कृषक जन
खिले इंद्रधुनष
शीतल पवन
नाचे मयूर
घर-आँगन

21. जीवन पराग

नव जीवन पराग
भर आंखों में नूतन अनुराग
राग मधुर जीवन धुन पर
थिरक रहे कदमों का उत्साह
सतरंगी रंगों से सजते सपनों के
मिलने की चाह
आलोक बरस रहा शशिकर से
तारों की सजी निशा
उतरने ओस रूप में आतुर
आंगन उपवन पर आता दिनमान

22. सृजनधारा-१

सृजन के रंगों से
सराबोर होकर
नव नूतन प्रकाश
किरणों में नहाकर
पावन होता जाता
ऊषा का अंचल
सोंधी सुवास माटी की
हर लेती थकन मन की
नव लय पर थिरकन करती
मधुरिमा जीवन की

23. सृजनधारा-२

आओ सृजन करें
एक पौधा लगाएं
उसको बढते हुए देखें
नए किसलयों को
एक कविता लिखें
मन के भावों को पिरोकर
जैसे माला हो मोती की
सजा ले उर पर अपने
केनवास पर एक तस्वीर बनाएँ
और उससे दीवार सजाएं
फिर कभी फुरसत में
उसे निहारे अपलक
उसमें ही खो जाएं।

24. रात्रि का वैभव

ढल गया स्वर्णिम दिवस
शिशु चाँद को लिए गोद में
तारों जड़ा आँचल ओढे
रात चांदनी आती है
चलता है मंद समीर
महकती है रात की रानी
अट्टालिका पर नायिका
विरह गीत गाती है
लेती है आगोश में अपने
स्वप्नलोक में ले जाती है
अपने रजत वैभव पर
इठलाती है चांदनी रात

25. इठलाती है चांदनी रात

अपने वैभव पर
इठलाती है चांदनी रात
अनगिनत चमकीले हीरों से
तारों को अपने में समेटे
खिलता है चांद कमल सा
स्याह सरोवर में
महकती है रात की रानी
विरह में गाती है नायिका
अट्टालिका से प्रणय गीत
धरती के आंचल को सजाती है
बार बार इठलाती है चांदनी रात

26. उषा का वैभव-१

किसलय का आँचल
खिलता
मिलता नवजीवन धरती को
होता शोभामान गगन
उगते दिनकर से
स्वर्णिम रश्मियों का
कर संचार
बढ चला रथ
सूरज का शान से
यौवन सा उन्मत्त
सजा जीवन
आलोकित दिनमान से

27. उषा का वैभव-२

प्रात: की अरुणिमा से सना नूतन प्रभात
किसलय की अठखेली करता पवमान
वह नव जीवन जीवन पराग जिसे
संचित करता मधुर रस अनुराग
गुलमोहर से सजा हुआ पथ नीरव में रस भरता
प्रकृति की मधुर गोद नव जीवन किलकी करता
गौरैय्या चहके कल पर गाता रागिनी अपनी वह
झूम रहा मन नवरश्मि नूतन का ले उपहार
समीर के झोंको से मन हर्षित उल्लसित अपार

28. जीवन ज्योतिर्मान

जीवन है ज्योतिर्मय सारा
पग पग पर मिलता है
एक नूतन उजियारा
नवल चेतना नव उल्लास
उर्जा रश्मियों का सहकार
नव सुमन प्रसूनों का खिलना
उमंग तरंगों का मिलना
देगा अगणित वरदान
जीवन है चिर ज्योतिर्मान

29. शुभकामना

लिए संभावना
नवजीवन की
नव लय-लहरी
नव प्रभात की
नव स्वरों से
स्वरित स्वर में
शुभकामना तुम्हें
जन्मदिवस की
हृदय में
नव उल्लास हो
जीवन में
उज्जवल प्रभात हो
उमंग हो
निश्छल बचपन-सी।

30. नवयुग

नयी हैं कोंपल
नयी हैं कलियाँ
नए है पल्लव
नयी हैं फलियाँ
जन के मन मैं जगता जो
यह विश्वाश नया है
आश नयी
उल्लास नया है
नवजीवन का
संचार नया है
उज्जवल नए विचारों से
मानव का नूतन पथ यह
बनता
युग का निर्माता यह जीवन
का अनुराग नया है.

31. किरणें प्रभात की

किरणें प्रभात की
बडी दूर से
मँजिल तय
कर आई
किरणें प्रभात की
मेरे आंगन में
कलियों पल्लव पर
मुस्काती सी
स्वर्णिम किरणें
करती सृजन
नव नूतन का
धरती के स्वप्न
जाग रहे
धुंध छट रही
रात की
स्वर्णिम किरणें
प्रभात की

32. सुनहरे स्वपनों को

उज्जवल स्वप्नों को
मानवता के नए रंगों से
सजा कर
बिखेर देना नव रंगों को
जग के उर्वर आँगन में
कर्म पथ में जब बढेगा
श्रम सीकर जब गिरेंगे
लहलहा उठेंगी नयी फसलें
नयी पीढ़ी नयी नस्लें
खिल उठेगी यह धरती
हँस उठेगी यह जगती
धीर हे ! कर्मवीर
होगा फिर एक नूतन
विश्व का निर्माण